VENTE

du Vendredi 26 Octobre 1900

HOTEL DROUOT, salle n° 8

à 2 heures

COLLECTION d'un AMATEUR LORRAIN

ESTAMPES

Me Maurice **DELESTRE**, Commissaire-Priseur
5, Rue St-Georges

M. Loys **DELTEIL**, artiste graveur, expert
67, Rue Ste-Anne

VENTE

du Vendredi 26 Octobre 1900

HOTEL DROUOT, salle n° 8

à 2 heures

COLLECTION d'un AMATEUR LORRAIN

ESTAMPES

Mᵉ Maurice **DELESTRE**, Commissaire-Priseur

5, Rue St-Georges

M. Loys **DELTEIL**, artiste graveur, expert

67, Rue Ste-Anne

CONDITIONS DE LA VENTE

Elle sera faite au comptant.

Les acquéreurs paieront *cinq pour cent* en sus des adjudications.

M. Loys Delteil, remplira les commissions que voudront bien lui confier les personnes ne pouvant y assister.

MM. les amateurs pourront visiter la collection *67, Rue Ste-Anne, les 23, 24 et 25 Octobre de 9 h. à 4 heures.*

EXPLICATIONS DES ABRÉVIATIONS

B. ép.	Belle épreuve
Tr. b. ép.	Très belle épreuve
Sup. ép.	Superbe épreuve
M. ou **m.**	Marge
Gr. m.	Grande marge
T. m.	Toute marge
av^t^. l. l.	avant la lettre
av^t^. le n°	avant le numéro

DÉSIGNATION

ESTAMPES

Adresses

1 — *Affiiches, annonces et avis divers.* Jolie vignette par Martenasi d'apr. Eisen. Tr. b. ép. m.

Almanachs

2 — Almanach de Rouen 1782, titre — Almanach pour 1784, etc. Vingt-trois petites p. du 18ᵉ siècle. B. ép. rares

Amérique (Estampes sur l')

3 — Franklin, 2 pᵗˢ — Scènes relatives à l'Amérique. Six p., trois avᵗ l. l., dont deux non terminées.

Arnoult et Bonnart

4 — Bourbon-Orleans (Charlotte de) — Orléans (El. Charlotte, Dˢˢᵉ d') — Philippe de France — Hesse-Cassel (Charlotte de). Quatre p. B. ép.

Bartolozzi (F.)

5 — *Bacchanalian Nymph*, d'apr. A. Kauffmann. 1784. Sup. ép. imp. en sanguine, gr. m.

6 — *The Power of Love,* d'apr. J. B. Cipriani, 1783. Ovale in-4. Sup. ép. impr. en sanguine, gr. m. (lettre grise).

7 — *Veillez Amans si l'Amour dort,* d'apr. A. Kauffmann. Ovale in-8. 1783. Tr. b. ép. m.

8 — Sujets gracieux. 1782. Deux p. ovales. Sup. ép. avᵗ l. l. impr. en bistre, gr. m.

Basset et Danisy (à Paris chez)

9 — Phénomène de la basse Courtille. 1760 — Invitation du Sr Ramponneau — Le Triomphe de Ramponneau — Le Cabaret Ramponneau. Quatre p. in-4. Tr. b. ép. très rares.

Bella et Leclerc

10 — Place des Vosges, à Paris — Vues de Charenton — Sujets divers — Paysages. Quatre-vingt p. Tr. b. èp.

Boissieu (J.J. De)

11 — Son Portrait, 1796 — Pie VII, 1805. Deux p. B. ép. m.

12 — Paysages — Figures. Vingt-quatre p. B. ép.

Boîtes et Tabatières (Dessus de)

13 — Sujets gracieux. Treize petites p., par Aveline, Baléchou etc. B. ép.

Bonnet (L.M.)

14 — Le Sommeil de Vénus, d'apr. Boucher. Tr. b. ép. sur papier bleu avec rehauts. t. m.

15 — Allégorie avec le médaillon de Catherine II, imp. de Russie. In-fol. Tr. b. ép. imp. en sanguine avec dédicace manuscrite du graveur à Falconet. Rare.

Boucher (d'après F.)

16 — La Bonne Mère — La Crêmière. Deux p. par Ingram. Tr. b. ép. gr. m.

17 — Vertumme et Pomone — Les Bacchantes endormies — Le Trait dangereux. Trois p. par St Aubin, Gaillard et Polethnich. B. ép.

Callot (Jacques)

18 — Le Triomphe de la Vierge (M. 100 - 1er état) Tr. b. ép.

19 — Deruet (Claude), 1632 (M. 505, 3e état) B. ép.

20 — La petite Vue de Paris (M. 712, 5e état). B. ép.

Chardin (d'après J.B.S.)

21 — Le Jeu de l'Oye, par Surugue fils (E.B. 27, 2e état). Tr. b. ép. m.

Chasses (Estampes sur la)

22 — *Aucupationis multifariae effigies*..... 1609. Suite de 15 p., par J.C. Visscher. d'apr. Tempesta. Tr. b. ép. en cahier.

Choffard (P.P.)

23 — Frontispice du catalogue du cabinet de Mr Neyman, 1776. Tr. b. ép. gr. m.

24 — Frontispices et Fleurons pour les *Métamorphoses* d'Ovide, les *Pierres gravées*. du duc d'Orléans, les *Œuvres* de Racine. Sept p. Tr. b. ép. hors texte.

Daret et Frosne

25 — Personnages célèbres, laplupart relatifs à la Lorraine Trente p. Tr. b. ép.

Debucourt (P.L.)

26 — Orléans (Mgr le Duc d'), 1789 (M. Fenaille 20, 3e état) Sup. ép. imp., en couleurs, m.

Delaulne (Étienne)

27 — Triomphes — Combats. Douze p. en formes de frises B. ép.

Demarteau (G.)

28 — Satyres et Bacchantes, d'ap. Caresme. Tr. b. ép. avt l. l. impr. en couleurs.

29 — Le Jeune berger, d'apr. Huet. Tr. b. ép. imp. en coul.

30 — Jeune Femme lisant une lettre, d'apr. Cochin fils. Tr. b. ép. imp. en sanguine, m.

31 — Tête de jeune Femme, d'apr. Watteau. Tr. b. ép. imp. en 2 tons.

Desrais (d'après)

32 — Voltaire couronné par Mlle Clairon, pl. 100 de la *Galerie des Modes et Costumes Français,* gravée par Dupin. Tr. b. ép. m.

Divers

33 — Paysages et Marines. Onze p. in-4 et in-fol d'apr. J. Vernet, H. Fragonard, Potter, Wouwermans, par Baléchou, Avril, J. Mathieu, la plupart avant l. l.

34 — Sujets divers et Paysages. d'après les peintures des galeries du Duc d'Orléans, Choiseul, Poulain. Cinquante six p. par Aliamet, Martini, Guttenberg etc., la plupart avant l. l. Tr. b. ép.

Drevet (Pierre)

35 — Tressan (M de), aux pieds de la Vierge (D.32) In-8. Tr. b. ép. av^t l. l.

Duchetti (Claude)

36 — Cartes géographiques : Brézil — Ile d'Ischia — Rome — Allemagne. 1582. Cinp p. B. ép.

Dyck (d'après Ant. van)

37 — Portraits extraits de *l'Iconographie.* Quarante-huit p. par Van Dyck, Pontius, Vorsterman, etc. B. ép.

École Allemande

38 — Le Fi's du Meunier — Petit Ecolier de Harlem — Les effets de la sensibilité — Paysannes de Berne et de la Forêt noire — Le Marchand de village — Le Chanteur en Foire — Le Raccomodeur de Fayance. Onze p. par ou d'ap. Fratrel, Chodowiecki, Durmer, Kraus, B. ép.

École Ancienne (XVIᵉ siècle)

39 — Jaël — Agar dans le désert — Le Christ apparaissant à Madeleine — Les Quatre Éléments. Quatre p., par Goltzius, Saenredam, Muller et G. Sadeler B. ép.

École Française

40 — L'Enfant prodigue — Pompe funèbre de Marie-Thérèse d'Espagne — L'Abbé Pommier — Vase de Fleurs — Paysages. Sept p. par Abr. Bosse, Cochin, Monnoyer, Demarteau, Couché, deux av^t l. l. B. ép.

41 — L'Armoire — La Flore de l'Opéra — La Bouquetière — Suzanne — Annette — Mlle Vanloo, etc. Vingt. p., d'après Fragonard, Boucher, Le Prince, Greuze, par Demarteau, Beauvarlet, Aveline et autres. B. ép.

Edelinck (G.)

42 — La Fontaine (J. de) (R.D. 230) — Racine (J.) (302) état *non décrit* avec l'adr. de Gautrot. Deux p. B. ép.

43 — Silvestre (Israël), d'apr. Le Brun (R.D. 319, 3ᵉ état). B. ép.

Fêtes (Estampes sur les)

44 — Scéne V de l'Enfer, par Della Bella — Décorations pour le Couronnement de Stanislas ?, par Cl. Jacquart. Trois p. rares. Tr. b. ép.

Ficquet (Étienne)

45 — Maintenon (Mme de), 2ᵉ pl. (F. 93). Tr. b. ep. p. m.

46 — La Fontaine (F. 61) — Voltaire (162). Deux p. Tr. b. ép., m.

Ficquet

47 — Arioste (L.) — Vadé (J.J.) — Voltaire. Trois p. Tr. b. ép.

Ficquet

48 — Chaulieu — Leibnitz — Maimbourg (L.) — Ossat (d')
— Prévost (abbé) — Rigaud (H.) Six p. Tr. b. ép. m.

Gaillard (R.)

49 — Prusse (Louise-Ubrique de), d'ap. Latinville. In-fol.
B. ép., m.

Gaucher (C.E.)

50 — Couronnement de Voltaire sur le Théâtre Français,
d'ap. Moreau le jeune. Sup. et rare ép. avant les armes
et la dédicace, gr. m.

51 — Graffigny (Mme de), d'ap. Mme Helvétius. Tr. b. ép.
av^t l. l., m.

51 — Le Bas (à la mémoire de J.P.), graveur, d'apr. Cochin
fils. Tr. b. ép. av^t la légende.

53 — Marie-Cécile, P^{cesse} Ottomane, 1789. In-8. Tr. b. ép.
m.

54 — Noyelles (B. de Rasoir, B^{nne} de), d'ap. de Pasche. In-8
B. ép. m.

55 — Cervantès — Florian — Marmontel — Chapelle.
Quatre p. in-8. Tr. b. ep. av^t l. l., m.

56 — Gérard (M.) — Metastase — Soret (G.J. — Vincent de
Paul (S^t). Quatre p. B. ép. une av^t l. l.

Gillot (Claude)

57 — La Vie du Satyre. Suite de 4 p. in-fol. Tr. b. ép. t. m.

Goya

58 — *Nadie nos ha visto* (P.L. 79) Tr. b. ép. imp. en bistre

Grateloup (J.B. de)

59 — Bossuet (J.B.), en pied (F. 1-3e état). Tr. b. ép. sur chine

60 — Dryden (John). (F.5-2e état) Tr. b. ép. sur chine.

61 — Polignac (le Cardinal) (F.8) Tr. b. ép. sur chine.

Greuze (d'après J.B.)

62 — Étude de la dame de Charité, par Massard, 1772, B. ép. m.

Janinet (J.F.)

63 — Bertin (Mlle), marchande de modes de Marie-Antoinette In-8. Tr. b. ép. av^t l. l. imp. en couleurs, gr. m. Très rare.

65 — Mlle Colombe l'aînée — P^t de Femme. Deux p. imp. en coul. sans m.

65 — Sujets gracieux, 18 petits motifs sur deux feuilles, pour *boutons*. Tr. b. ép. impr. en bistre.

Keating (G.)

66 — *Marie Antoinette late Queen of France, in the Prison*..... d'apr. la M^{ise} de Brehan. Ovale in-fol. 1796 B. ép. t. m.

La Fleur (N.G. de)

67 — Son propre Portrait (R.D.1). Tr. b. ép. Rare.

Lagniet (J.)

68 — *La Vie de Tiel Wlespiegle... en Prouerbes*. Titre et 18 pl. B. ép.

Le Clerc (Sébastien)

69 — Le May des Gobelins. In-fol. Sup. ép., m.

70 — L'Apothéose d'Isis. Deux tr. b. ép. dont une av^t t. l., et avec les *figures de danseurs*. Rare.

71 — *Puer parvulus*. Deux sup. ép., une av^t t. l. Rare.

72 — L'Académie des Sciences et des Beaux-Arts. Tr. b. ép. avant : *Chevalier R.* — Entrée d'Alexandre dans Babylone — La Forteresse de Montmelian, 1691 — Mausolée. Quatre p. Tr. b. ép.

73 — Batailles de l'Époque de Louis XIV. Vingt-six p. Tr. b. ép.

74 — Sujets divers — Vignettes — Principes de dessin. Cent p. Tr. b. ép.

Le Mire (N.)

75 — Jeanne d'Arc, d'apr. un ancien tableau. Deux tr. b. ép.

Lempereur (L.)

76 — Le Comte (Marguerite), la *jolie meunière du moulin joli*, d'ap.. C. H. Watelet. Tr. b. ép. avant les nom et qualités sur le cadre.

Le Prince (J.B.)

77 — Sujets de genre et Paysages. Neuf p. in-4 et in-fol. Tr. b. ép. imp. en bistre.

Leu (Thomas de)

78 — Caron (Ant.). peintre (R.D. 330) Tr. b. ép. du 1er état *non décrit*, avant le trait échappé.

Marcenay de Ghuy (A. de)

79 — Bayard — L'Hôpital — Henri IV — Sully — De Thou — Turenne — Maurice de Saxe — Voyez d'Argenson. Huit p. Tr. b. épr. m.

Massard (J.)

80 — Louis-Auguste, Dauphin (Louis XVI) — Marie-Antoinette, Dauphine. Deux p. in-12. Tr. b. ep. m.

81 — Louis Stanislas Xavier de France — Marie-Josèphe de Savoie. Deux p. in-12. Tr. b. ép. m.

Masson (Ant.)

82 — Guise (Marie de Lorraine, D^chesse de) (R.D. 32 3e état)
— Le Maistre de Sacy (31) — Patin (Ch. et Guy) (59 et 60)
Quatre p. B. ép.

Miger (S.C.)

83 — Geoffrin (Mme) In-4. Tr. b. ép. av^t l. l., m.

Moncornet (B.)

74 — Les Quatre Saisons — Les Cinq Sens. En tout 9 p. à
costumes. Tr. b. ép. gr. m.

85 — Personnoges célèbres : Femmes. Vingt p. Tr. b. ép.
la plupart av^t les armoiries.

86 — Personnages célèbres : Hommes. Cinquante-sept p.
Tr. b. èpr. la plupart avant les armoiries.

Moreau le jeune (d'après J.M.)

87 — Le Premier baiser de l'Amour, par Le Mire. Tr. b. ép.
avant l. l. gr. m.

Moreau le jeune et LeBarbier

88 — Couronnement de La Fontaine par Esope — Arrivée
de J.J. Rousseau aux Champs-Elysées. Deux p. par Macret
et Guttenberg, la 1ere av^t la dédicace. Tr. b. ép.

Nanteuil et Edelinck

89 — Marolles (Michel de), 1er état — Ménage — Puteanus
(P.) — Sully — Tortebat (F.) — Seguier de St Brisson.
Six p. B. ép.

ORNEMENTS

90 — **BABEL**. Fontaines — Cartouches ornés — Détails d'or-
nementation. Seize p. Tr. b. ép.

91 — **BACHELIER-CHOFFARD**. Collection de cul-de-Lampes et Fleurons, Titre et 4 pl. du cahier *a* — Titre du cahier *b* et 4 pl. doubles du cahier *a*. En tout 10 p. B. ép.

92 — **BÉRAIN** (Jean). Arabesques. Douze p., par Dolivar, Scotin, Le Pautre. Tr. b. ép.

93 — **CAILLOUET**. Balcons, cahier A, 6 pl. — cahier D. 6 pl. En tout 12 p. B. ép.

04 — **CHOFFARD**. (P.P.) Arabesques du Vatican. Quatorze p. in-fol.

95 — **FORTY** et **SALLEMBIER**. Œuvres de Serrurerie et d'Orfèvrerie. Seize p. B. ép.

96 — **GOZ** (G.B.) Les Quatre Saisons. Suite de 4 pl. in-fol. Tr. b. ép.

97 — **LA JOUE**. Second livre de cartouches. Suite complète de 12 pl., par Huquier. Sup. ép. t. m.

98 — **MONDON** — **LAJOUE** — **BODENEHR**. Cartouches divers — Œuvres de Serrurerie. Vingt-neuf p. B. ép.

99 — **SAINT-AUBIN**. (Ch. Germ. de). 1er Recueil de Chiffres, titre et pl. 2. 5, 6 ?, 9, 10. 11, 12 et 13. En tout neuf p., par Marillier. B. ép.

100 — Pl. 11. 12 et 13 de la suite précédente. Trois p. B. ép· t. m.

101 — **SALEMBIER**. Cahier de Frises. Suite de 6 pl. B. ép. t. m.

102 — **DIVERS** : Guéridons. par A. Loire. 6 pl. — Cartouches — Encadrements — Eventail. Trente-six p. B. ép.

Perissin et Tortorel

103 — Massacre de Vassy — La mort de Henri II — Bataille de La Roche, en Limousin — Rencontre des Armées Françaises entre Cognac et Casteau-neuf — La Paix à l'Ile des Bœufs — Bataille de Dreux, 2 pl. — Prise de Valence — Colloque de Poissy. Neuf p. B. ép.

Portraits

104 — Voltaire. Treize p., par Carmontelle, Brichet, Baléchou Miger, etc. B. ép.

105 — Chatelet (Mme la Mise du). Trois p., par Haïd, Langlois et Lempereur. B. ép.

106 — Éléonore d'Autriche — Conty (P^{cesse} de) — Bourbon
(Ant. de) — Henri IV — Duc de Guise — Fauchet (Cl.)
— Rolland (S.) — Loyseau. Neuf p. par Th. de, Leu.
L. Gaultier, J. Isac. B. ép.

107 — France : Henri IV — Louis XIII — Louis XIV —
Familles royales de France. Vingt-deux p. par Crepy,
B. Picart, Thomassin, Larmessin, etc. B. ép.

108 — **LORRAINE**. Stanislas, roi de Pologne, duc de Lorraine.
Sept p., par Colin, Le Mire, Cathelin, Crepy et Roy. Tr.
b. ép.

109 — **LORRAINE** : Charles IV, Charles V, Charles Alexandre
Henri et François de Lorraine. Dix p. par Ph. Kilian,
Larmessin, Ridinger, François, etc. B. ép.

110 — **LORRAINE** : Vaudemont (Ch. Henri, prince de) — François III de Lorraine — Elbeuf (Ch. de Lorraine) — Léo-
pold de Lorraine. Sept p. par Larmessin, S. Antoine,
Desrochers, J.E. Lasne. B. ép.

111 — **LORRAINE** : Elisabeth-Charlotte, Elisabeth, Renée de
Lorraine — Philippe de Gueldres, de l'Ordre de Ste Claire
Cinq p., par Van Schuppen, Zimmermann et Desrochers
B. ép.

112 — **LORRAINE**. Personnages divers relatifs à la Lorraine.
Trente-six p. anciens et modernes.

113 — **HOMMES D'ÉTAT** : Mazarin — Richelieu — Talon —
Turgot — Necker, etc. Vingt-deux p. par Vermeulen,
J.F. Cars, Larmessin, etc. B. ép.

114 — **GÉNÉRAUX** : Condé — Turenne — Fabert-Chevert —
Rantzau — Grammont — Jean Bart, etc. Vingt p. par
Cl. Drevet, Edelinck, Desrochers et autres. B. ép.

115 — Religieux : Ant. Arnauld — Nicole-Escobar — Me-
nestrier — Mabillon, etc. Trente p. par Baléchou, Sch-
midt, Lochon, Gantrel, Pitau, etc. B. ép.

116 — Ecrivains Français du XVIIIe siècle : Rousseau, Piron,
Diderot, Colardeau, Helvétius, Belloy, Dorat, etc. Vingt-
quatre p. par Moreau le jeune, De Launay, Le Mire, B.
Roger, Dupin. B. ép.

117 — Ecrivains Français. Cinquante p. anciennes et modernes.

118 — **SAVANTS** : Peiresc-Gassendi — Lalande — Riquet —
Cassini — Paillot — *Personnages divers* : Montholon
(N. de) — Barclay (J.) — Thomas du Fossé — Bouzard
— M. de Villette. Dix-sept p. par Mellan, Drevet, S^t-
Aubin, etc. B. ép.

119 — Peintres et Sculpteurs. Vingt p. par Th. de Bry, Goltzius, Blooteling, Masson, Falconet, etc. B. ép.

12 — Peintres et Sculpteurs. Quarante p. B. ép.

121 — Graveurs : Aldegraver — Audran (B. et G.) — Callot — Chéreau (F.) — Edelinck (G.) — Kilian (W.) — Le Bas (J. P.) — Leclerc (S.) — Mellan-Nanteuil — Picart (B.) — Raimondi — Schongauer — N. H. Tardieu — Testa — Vivarès. Dix-sept p. par Hondius, Lasne, Cathelin, Vivarès, etc. B. ép.

122 — **MUSICIENS** : Grétry — Rameau — **MÉDECINS** : Les Patin — Gall — Mauriceau, etc. Douze p. B. ép.

123 — Femmes : Reines et Princesses de France XVII° et XVIII° siècles. Dix-neuf p. par Larmessin, Desrochers, Cathelin, etc. B. ép.

124 — **FEMMES** Vingt-sept p. anciens et modernes.

125 — Personnages divers, Français. Vingt-deux p.

126 — **RUSSIE** — **SUÈDE** — **PORTUGAL**. — Catherine II — Pierre 1 — Alexandre 1er — Christine — A. Oxenstierna — Charles XII — Joseph I, etc. Dix-huit p. par divers. B. ép.

127 — **ALLEMAGNE** — **AUTRICHE** — Monarques. Vingt-deux p. par Nilson, Galle, J. Adam, Schmuzer, etc. B. ép.

128 — **ESPAGNE**, Monarques et Hommes politiques. Treize p. par Larmessin, Jode, Pitau, etc. B. ép.

129 — Personnages divers, étrangers. Trente-cinq p. anciennes. B. ép.

130 — Personnages divers, étrangers. Soixante p. anciens B. ép.

Prud'hon (d'après)

131 — La Vengeance de Cérès (E. de G. 37) — L'Amour réduit à la raison, (58) Deux p. par Copia. Tr. b. ép. av^t l. l. m.

132 — La Justice divine poursuivant le crime. — Daphnis et Chloé — Naufrage de Virginie. Trois p. in-4 par B. Roger. Tr. b. ép., deux av^t l. l. gr. m.

Sadeler (les)

133 — La Vie de la Vierge, frontispice et 17 pl. in-18 B. ép.

Saint-Aubin (Aug. de)

134 — La Famille de l'imprimeur Renouard (E. B. 235) Tr. b. ép., m. du 3e état.

135 — Henri IV (101-102) — Marie de Médicis (170, épr. avec la faute) — Louis XIV (139) — Louis XV (142) — Orléans (L. P. duc d') (202) Six p. Tr. b. ép., 3 avant l. l.

136 — La Valière (Mlle de) (122) — Lenclos (Ninon de) (200) — Maintenon (Mme de) (158) — Montespan (Mme) (187) — Sévigné (Mme de) (252) — Gertrude Vandergoës (260) Six ép. Tr. b. ép., le n° 122 avant l, l.

137 — Voltaire, d'ap. Le Moine (265) — Voltaire, Fréron et et Labeaumelle (269) — J. J. Rousseau (243) — J. J. Barthélemy (8) — Diderot (73). Cinq p. Tr. b. ép., m.

138 — Bitaudé — Bourdaloue — C. N. Cochin fils — Abbé Delille — Fontenelle — Gessner — Gluck — Mancini Nivernois — Massillon — Montaigne. Dix p. Tr. ép., 3 avant l. l.

Silvestre (Israël)

139 — Vues de Nancy et des Environs. Vingt-cinq p. B. ép., plusieurs doubles.

Tardieu (Alexandre)

140 — Stanislas, roi de Pologne — Charles XII — Christine de Suède — La Pérouse — Montesquieu — Turgot — Henri IV. Dix p. Tr. b. ép., trois avant l. l.

Tiépolo (J. B.)

141 — *Var capriccj*, 1785, suite de 10 pl. et un titre — Repos en Égypte, par D. Tiépolo. B. ép.

Vermeulen (C.)

142 — Luxembourg (Fr. de Montmorency), d'apr. H. Rigaud (D. 2397). In-fol. B. ép. gr. m.

Vignettes

143 — Chansons de La Borde. Trois p., par Moreau le jeune, deux av^t. l. l.

144 — Produit du Baiser, 5e vignette de *l'Almanach des Sens* par Queverdo — Les Quatre Saisons, poëme, suite de 4 p. par Choffard, avant l. l. En tout cinq p. B. ép.

145 — Jardin de Dresde (*Préjugés Militaires*) — Zulménie et Volsidor, titre — Vignettes et Fleurons divers. Huit p., sept avt. l. l. B. ép.

146. — En têtes avec les pts de Henri IV, Louis XIII et Louis XIV, par Cars — Vignettes pour La Henriade, la Nouvelle Héloïse, etc. Dix p. par Cars, St-Aubin, Romanet. B. ép. avt. l. l.

147 — Les Bienfaits du Sommeil ou les Rêves accomplis — Titre pour *l'Emile* — Pygmalion, etc. Quatorze p., à l'état d'eau-forte pure, par St-Aubin, Le Mire, Dorgez. B. ép.

148 — Vignettes. En têtes de page, culs-de-lampe pour divers ouvrages, d'apr. Ch, Eisen, par Le Mire, St-Aubin, Lempereur, Aliamet. Vingt-cinq p. Tr. b. ép. tirées hors texte.

149 — Vignettes diverses du XVIIIe siècle — Fleurons, etc. Trente cinq p. B. ép.

Wille (J. G.)

150 — Le Petit physicien — Petite Ecolière — Bonne femme de Normandie — Sœur de la Bonne Femme de Normandie. Quatre p., d'apr. Netscher Scheneau et Wille fils. B. ép.

Wille et Schmidt

151 — Ticho Hoffmann, d'ap. Tocqué — l'Abbé Prévost — Ch. Frédéric de Prusse. — Catinat — Ninon de l'Enclos — Mme de Scudéri — Anne de La Vigne — Villars Huit p. Tr. b. ép.

Woeiriot (Pierre)

152 — Bornonius (J.), 1573. — Anonyme — Deux p. in-12. B. épreuves.

153 — Sous ce numéro il sera vendu par lots, environ cinq cents estampes de toutes les écoles.

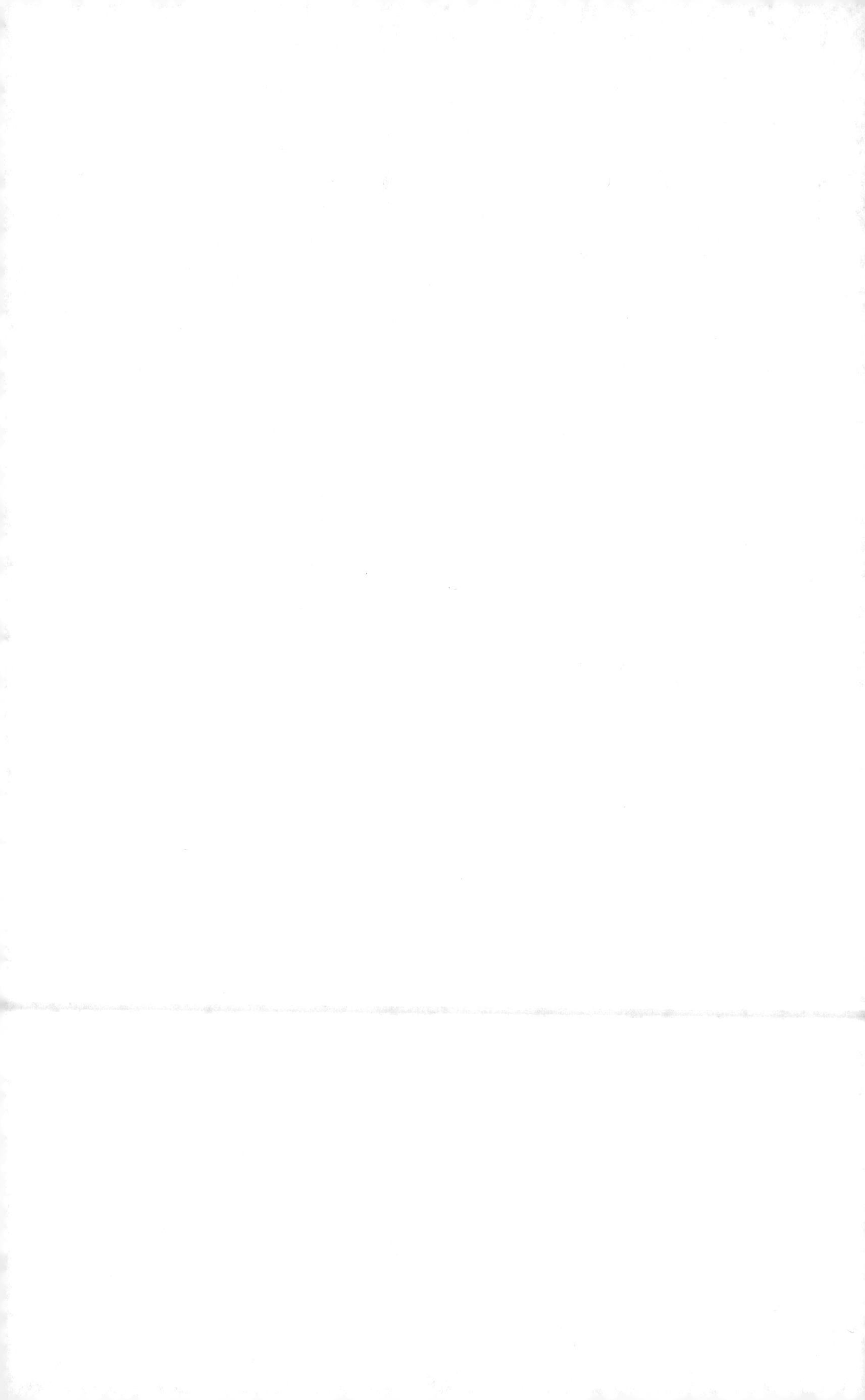